¡Parece que va a llover!

¿Cuál es el problema?

Sonja Reyes

COMPUTACIÓN CIENTÍFICA EN EL MUNDO REAL™

Rosen Classroom™

Veo llover.

¿Cómo puedo quedarme seca?

Me pongo el impermeable.

Abro mi paraguas.

El paraguas me protege de la lluvia.

¡Así no me mojo!

Palabras que debes aprender

(el) impermeable

(la) lluvia

(el) paraguas